Schmuck filzen

Mehr als eine Filzanleitung

Schmuck filzen
Wolle mit der Nadel trockenfilzen

Sylvia Ehrenstein

Bibliografische Information der Deutschen Bibliothek:
Die Deutsche Bibliothek verzeichnet diese Publikation in der
Deutschen Nationalbibliografie; detaillierte bibliografische Daten
sind im Internet über http://dnb.ddb.de abrufbar.

Deutsche Erstausgabe 2005
Copyright © 2005 Sylvia Ehrenstein
Zeichnungen und Fotos: Sylvia Ehrenstein
Umschlagsgestaltung: Sylvia Ehrenstein
Herstellung und Verlag: Books on Demand GmbH, Norderstedt
Printed in Germany
ISBN: 3-8334-3002-8

Inhaltsverzeichnis

Einleitung

Filzen ist ein Handwerk und die älteste Form, Wolle zu verarbeiten. Heute ist es eine kreative Kunst, therapeutisch wertvoll und ein kostengünstiges Hobby.

Es gibt verschiedene Arten, Wolle zu filzen: das klassische Nassfilzen, das Walken und das Nadelfilzen. Ich möchte in diesem Buch schwerpunktmäßig das Nadelfilzen vorstellen, weil es ohne großen Aufwand und ohne größere Schmutzentwicklung an jedem Ort möglich und schnell erlernbar ist. Außerdem gibt es über das Nassfilzen bereits sehr gute Fachpublikationen und ergänzende Kurse.

Das Trockenfilzen ist geeignet, um Schmuck und 3D-Objekte anzufertigen: Ketten, Ringe oder Filzfiguren. Der Fantasie sind keine Grenzen gesetzt. Große Teile und hohle Objekte wie z.B. Hüte, Taschen oder Teppiche sollten nass gefilzt und gewalkt werden.

Eine Kette aus einfarbigen Filzperlen,
abwechselnd mit kleinen Wachsperlen.

8

Material für das Nadelfilzen:

- **Wolle:** Zum Filzen sind Tierfasern geeignet, Pflanzenfasern nicht. Die Fasern sollten möglichst lang, weich und fein sein. Die am häufigsten verwendeten Fasern sind Schafwolle, Kamelhaar und Angorawolle. Ich empfehle zum Filzen Merinowolle in Kammzug bzw. die so genannte Märchenwolle.

- Eine Unterlage aus **Schaumstoff**, ca. 20x20x10 cm. Für kleinere Filzobjekte ist ein Haushaltsschwamm ausreichend.

- **Filznadeln** (spezielle Nadeln mit Widerhaken) in drei Stärken: grob, mittel und fein. Filznadeln immer trocken lagern. Achtung: Die Nadeln sind sehr spitz und scharf, es besteht erhöhte Verletzungsgefahr!

- Für empfindliche Finger kann aus einem Korken ein Nadelgriff angefertigt werden, das schont die Finger. Dabei muss mit einer Stricknadel oder einer spitzen Schere für die Nadeln im Korken vorgebohrt werden. Anschließend vorsichtig die Nadel in das entsprechende Loch einführen. Der Korken schließt sich fest an die Nadel und hält diese.

Das kleine Einmaleins der Wolle

Die Wollfaser hat zahlreiche Schuppen, die sich unter Druck verhaken, sie verfilzen. Stark vergrößert sieht die Faser wie ein Tannenzapfen aus. Die Fasern schlingen sich ineinander und verbinden sich. Dieses Prinzip wird beim Nadelfilzen genutzt: Die Nadeln erfassen bei jedem Stich Fasern mit ihren Widerhaken und führen diese in das Innere und durch das Werkstück.
Bei Drehungen des Werkstückes während des Nadelstechens werden die Fasern von allen Richtungen kreuz und quer verschlungen.

Durch jahrelange Züchtungen sind Wollqualität und -quantität verbessert worden. Die beste Wolle tragen die Merinoschafe. Im Allgemeinen werden die Schafe einmal jährlich geschoren, dabei verliert ein besseres wollproduzierendes Schaf ca. 4,5 kg Wolle, auch Vlies genannt. Dieses Vlies hat unterschiedliche Faserlängen, Feinheiten und Strukturen, abhängig davon, von welchen Körperteilen das Vlies stammt. Die Wolle der Schulter und Flanke sind hochwertiger als die vom übrigen Körper.

Nach der Schafschur werden die Wollfasern nach Länge, Gleichmäßigkeit und Feinheit sortiert.

Anschließend wird die Wolle von Wollfett, Lanolin, getrocknetem Schweiß und anderen Verunreinigungen gereinigt.

Um aus dem Wollhaufen eine dünne gleichmäßige Schicht zu bekommen, läuft die Rohwolle über eine mit biegsamen Drahtzähnen versehene Rolle, das so genannte Vorgespinst.

Es gibt zwei unterschiedliche Verfahren für die weitere Wollverarbeitung: das Kammgarnspinn- und das Streichgarnspinnverfahren.
Für Streichgarne wird das Gespinst in weiche, dünne Stränge aufgeteilt, und die Fasern werden erst gekrempelt und danach versponnen.
Bei den Kammgarnen werden die kurzen Fasern herausgekämmt, und der dicke Strang wird mehrmals mit Maschinen verdichtet, bis ein glatter kompakter Strang aus langen Fasern entsteht.
Dieser kann anschließend versponnen werden.
Die Kammwolle hat lange, die Streichwolle kurze Fasern.

Der bekannteste Streichgarnstoff mit kurzen Fasern ist der dicke und raue Tweed, der bedeutendste glatte Kammgarnstoff mit langen Fasern ist der Gabardine.

Wolle hat einige sehr gute Eigenschaften:

- Sie wärmt, weil in den Zwischenräumen der Fasern sich die Luft erwärmt.
- Wolle ist feuchtigkeitsausgleichend: Ohne dass sie sich nass anfühlt, kann sie ca. 30–35 Prozent ihres eigenen Gewichts an Feuchtigkeit aufnehmen.
- Wolle ist durch die Schuppenkonstruktion elastisch.
- Außerdem ist sie schwer entflammbar
- und heilend, weil Giftstoffe gebunden und neutralisiert werden.

Heute ist Australien weltweit führender Produzent von Rohwolle. Etwa 30 Prozent der Weltproduktion stammen von australischen Schafen

Aus türkis, hell- und dunkelblauer Wollen wurden die Perlen gefilzt. Diese wurden abwechselnd mit Muschelstücken und kleinen glänzenden Glasperlen aufgefädelt, zu einer Kette und zu Ohrringen.

Möglichkeiten der Wollverarbeitung

Wolle als Kammgarn kann direkt gefilzt werden. Entweder wird mit Nadeln trocken gefilzt oder nass gefilzt mit warmem Wasser, Seife und Rubbelbrett.

Für die gebräuchlichsten Wollverarbeitungs-möglichkeiten wie z.B. Stricken, Sticken, Häkeln, Knüpfen oder Weben muss die Wolle zu einem Faden gesponnen werden. Zuerst werden die natürlichen Fasern durch Mischen und Kämmen vorbereitet.

Die einfachste und wohl älteste Methode, Wolle zu verspinnen, ist die mit einer Handspindel (Spinnrocken). Dabei handelt es sich um einen angespitzten Stab, der durch Rotation einen Faden dreht.

Ein komfortableres Gerät ist das Spinnrad. Die Spindel ist mit einem großen Schwungrad ver-bunden und wird mit einem Fußpedal angetrieben.

Das Flügelspinnrad bereitete den Weg für die industrielle Spinnerei.

Bereits 1764 wurden Spinnmaschinen erfunden: Feinspinn-, Drossel- oder Walzzieh- und Muldespinnmaschine.

Mit der Feinspinnmaschine können mehrere Garne gleichzeitig gesponnen werden.

Die Drossel- oder Walzziehmaschine hat, wie der Name schon vermuten lässt, Walzen, mit denen die Wolle gezogen wird.

Bei der Muldespinnmaschine befindet sich die Spindel in einem beweglichen Rahmen, der die Spannung reduziert. Dadurch sind feinere Garne spinnbar.

Sehr schön sind gefärbte Textilien. Die Wolle kann in jeder Phase, vor oder nach dem Verspinnen, eingefärbt werden. Es gibt natürliche und synthetische Farbstoffe. Die Naturfarben werden überwiegend aus Pflanzen gewonnen.

Grün-Schwarz-Marmorierte Filzperlen mit Glasperlen

Filzen von Perlen für Ketten

1. Ein kleines Wollbüschel in der Hand zu einem Knäuel wirbeln. Zur ersten Stabilisierung mit der Nadel einige Male aus unterschiedlichen Richtungen kreuz und quer in das Knäuel stechen. Um eingefärbte Wolle zusparen, kann ein Kern aus weißer Wolle gefertigt werden.

2. Um das Knäuel, eventuell noch in weißer Wolle, eine Lage Wolle im gewünschten Untergrundfarbton wickeln. Um harte Kugeln bzw. Perlen zu erhalten, wird die Wolllage fest um das Knäuel gewickelt, aber nicht geschnürt, sonst bricht die Nadel schon nach den ersten Stichen ab.

3. Jetzt beginnt das Filzen auf einer Schaumstoffunterlage (z.B. Küchenschwamm).

Mit der groben Nadel wird von allen Seiten auf das Knäuel eingestochen, bis die letzte Lage Wolle verfilzt ist. Beim Filzen muss das Filzobjekt ständig gedreht werden, damit der Filz gleichmäßig wird. Immer gerade mit der Nadel in den Filz stechen, sonst bricht sie ab.

4. Je öfter die Nadel eingestochen wird, desto fester wird die Kugel.

Den Vorgang – Wolle um die Kugel legen und durch Nadelstiche anfilzen – so lange wiederholen, bis die Kugel etwas voluminöser als die gewünschte Endgröße ist. Später wird die Kugel beim Filzen schrumpfen.

5. Wenn ein gleichmäßiger Filz entstanden ist und das Einstechen mit der groben Nadel beschwerlicher wird, ist es Zeit, die Nadel zu wechseln und mit der mittleren Nadel weiter auf die Kugel einzustechen.

6. Nachdem mit der mittleren Nadel die Kugel von allen Seiten gleichmäßig gestochen wurde, wird dieser Vorgang mit der feinen Nadel wiederholt. Durch das Stechen mit der feinen Nadel entsteht ein gleichmäßiger und fester Filz.

7. Um ein gutes Ergebnis zu erhalten, sind einige hundert Stiche erforderlich.

Marmorierte Filzwürste (Zylinder) die geknickt abwechselnd mit Holzperlen aufgefädelt wurden.

Variante zur runden Perle: der Zylinder

1. Einen Wollstrang länglich, z.B. um zwei oder drei Finger, wickeln. Dabei entspricht die Wickellänge der gewünschten fertigen Zylinderlänge.

oder

2. Entweder wird jetzt der Strang gedreht oder eine weitere Wolllage der Länge nach um den Strang gewickelt.

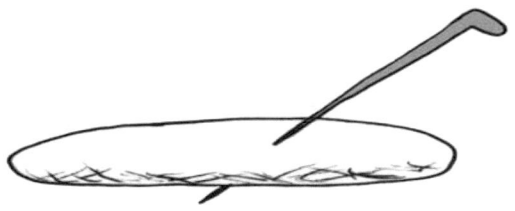

3. Anschließend wird auf einer Schaumstoff-
   unterlage mit der groben Nadel von allen
   Seiten und Richtungen kreuz und quer auf die
   Wollwurst eingestochen, bis die gewünschte
   Form und Größe erreicht ist.

4. Zur grafischen Gestaltung kann eine andere
   Farbe um die Wurst gewickelt und mit der
   groben Nadel befestigt werden.

5. Nach dem gleichmäßigen allseitigen Stechen mit der groben Nadel wird dieser Vorgang mit der mittleren und der feinen Nadel wiederholt (siehe Filzen von Perlen, Punkt 5 und 6), bis der Filz die gewünschte Konsistenz erreicht hat.
6. Um einen Zylinder zu erhalten, werden die abgerundeten Enden mit einer Schere abgeschnitten.

Eine ausgefallene Kettenkombination aus Filzperlen und Würsten. Einige bunte marmorierte Perlen wurden aufgeschnitten und andere flach als Linse gefilzt. Die Filzobjekte wurden auf einen Edelstahldraht gezogen und mit Quetschperlen fixiert.

Tipps für die Kettengestaltung

a) Achtung, Allergiker: Wenn die Haut auf Wolle mit Jucken reagiert, sollte die Kette länger sein und die Filzperlen nur ca. 1/3 der Kette belegen (siehe Beispielketten), damit die Filzperlen auf der Kleidung liegen und kein Hautkontakt entsteht. Oder die Kette nur mit Rollkragenpullover tragen.

b) Für eine Kette können die Perlen auf einen dünnen Edelstahldraht, einem Lederband oder ein sehr reißfestes textiles Garn aufgefädelt werden. Für Armbänder empfehle ich dünne Gummibänder, weil es ohne Verschluss gut aussieht und das Anlegen sehr komfortabel ist.

c) Die Wirkung der matten Filzperlen wird betont, wenn zwischen den Filzperlen Perlen aus anderen Materialien angeordnet werden, siehe Beispielketten. Es gibt z.B. Holz- oder Glasperlen in sehr vielen Farben, Größen und Ausführungen; matt, glänzend, mit Glitzereinschlüssen und unterschiedlichen Formen.

d) Besonders designte Ketten entstehen, wenn die Filzperlen auf dünnen, reißfesten Edelstahlfäden aufgefädelt werden.

e) Der Verschluss wird, zur Befestigung, in eine Öse aus dem Edelstahlfaden gelegt, die mittels einer Hülse fixiert wird. Dabei wird der Edelstahldraht durch die Hülse (Quetschperle), durch den Verschluss und zurück durch die Quetschperle geführt. Diese Quetschperle wird mit einer Zange zusammengedrückt, um ein Lösen zu verhindern.

f) Auf den Edelstahldraht können die Filzperlen mit Hilfe der Quetschperlen, mit dem gewünschten Abstand zwischen den Perlen, an jeder beliebigen Stelle fixiert werden (siehe Beispielkette).

g) Die klassische Kettenauffädelung erfolgt auf stabilen textilen Garnen. Bei dieser Ausführung rutschen die Perlen dicht aneinander. Wenn die Filzperlen nicht dicht an dicht aufgereiht erscheinen sollen, müssen andere Elemente als Abstandshalter aufgezogen werden, z.B. Perlen aus Glas, Holz, Horn, Metall oder Hülsen, die es auch in vielen unterschiedlichen Materialien gibt.

Der Fantasie sind keine Grenzen gesetzt. In Fachgeschäften für Bastelbedarf oder Schmuckgestaltung gibt es ein reichhaltiges Angebot, aber auch in der Natur findet sich viel Zubehör, z.B. Lochsteine, Muscheln, Holz, Tannenzapfen usw.

Aus unterschiedlichen Rottönen wurden die Perlen gefilzt.
Diese wurden mit Pailletten und Glasperlen aufgezogen zu
einer Kette und Ohrringen.
Passend zum Set wurde ein Ring gefilzt.

29

Anfertigung eines Fingerringes

1) Zuerst wird eine Kugel gefilzt. Diese Kugel kann auf einen Ringrohling geklebt werden.

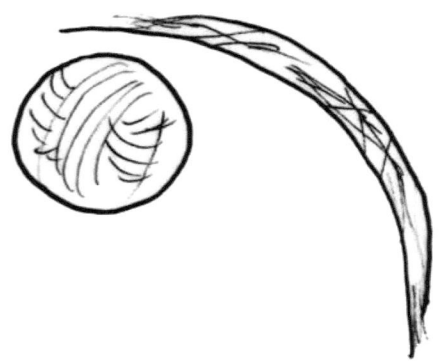

Oder

eine Ringschiene aus einen Filzstrang (eine Wurst) filzen.

2) Dieser Filzstrang wird durch mehrmaliges Durchstechen mit der Nadel seitlich an die Kugel gefilzt.

3) Und fertig ist ein gefilzter Fingerring. Dieser kann mit aufgenähten Glasperlen oder anderen kleinen Objekten weiter gestaltet werden.

Eine Kette aus marmorierten Perlen und Würsten,
mit Glasperlen.

Allgemeine Tipps

1) Durch Wechseln der Wollfarben entstehen bunte Perlen. Perlen Ton in Ton, z.B. in unterschiedlichen Blau-, Rot- oder Grüntönen, aber auch schwarz-weiß, wirken sehr edel (siehe Beispielkette).

2) Wenn die obere Zierfarbe lose als dünnes Netz und flächig aufgefilzt wird, entsteht eine Art Marmorierung. Um eine Aderstruktur zu erhalten, muss die obere Zierfarbe gebündelt wie eine Art Faden aufgefilzt werden.

3) Ich empfehle, die Kugeln anschließend mit möglichst heißem Wasser und Kernseife nass nachzufilzen. Dazu schäume ich meine Hände mit Seife ein und rubble die nassen Perlen in meiner Hand. Anschließend die Perlen mit möglichst heißem Wasser ausspülen. Durch dieses nachträgliche Nassfilzen wird die Oberfläche glatter und das Filzobjekt fester. Günstig ist es, abschließend den Filz in Essigwasser zu spülen.

Eine längere Kette mit gestalteten Filzherz und Perlen aus Filz und Glas.

Ein gefilzter Bär, als Anhänger oder Brosche.

Entstehung eines Bären,

z.B. als Brosche oder Anhänger

1) Für den Kopf unter ständigem Drehen mit der groben Filznadel eine Kugel filzen. Anschließend eine kleinere Kugel für die Schnauze filzen, auf die Kopfkugel legen und durch mehrmaliges Nadelstechen anfilzen.

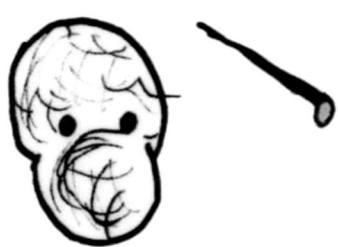

2.) Mit Stecknadeln wird die Position der Augen festgelegen.

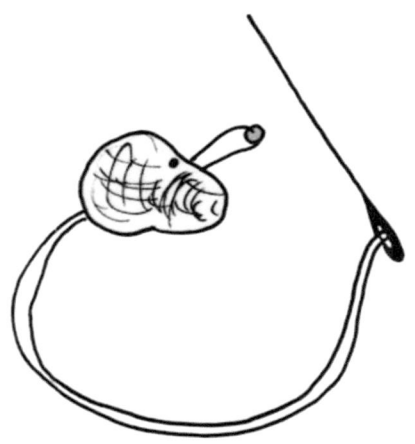

3.) Mit Nadel und Faden eine Glasperle auffädeln und an die zuvor mit Stecknadeln festgelegte Augenlage nähen. Dabei den Faden von der Augenlage zum Hals führen

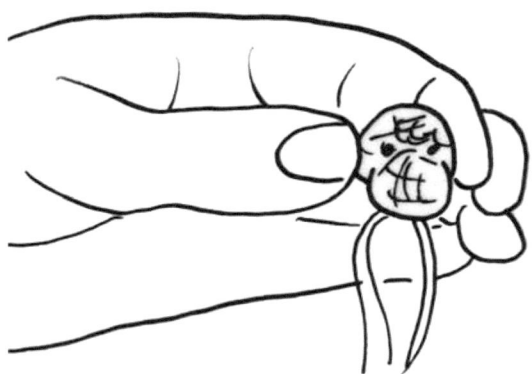

4.) Die Augenfäden im Halsbereich verknoten

37

5) Mit einem schwarzen dickeren Garn, z.B. Stickgarn, die Nase und den Mund sticken.

6) Für die Ohren werden mindestens zwei Lagen Filz in unterschiedlicher Richtung flach auf den Schwamm gelegt und mehrmals von unterschiedlichen Richtungen eingestochen. Wenn eine flache Filzfläche entstanden ist, einen Kreis ausschneiden und diesen halbieren, fertig sind zwei Ohren.

7.) Die Ohren mit der geraden Seite mit Stecknadeln seitlich an den Kopf stecken und mit
Nadelstechen anfilzen.

8.) Jetzt entsteht der Bauch. Dafür wird doppelt so
viel Wolle wie für den Kopf benötigt. Aus der
Wolle wird ein Ei gefilzt. Bei der Montage des
Kopfes an den Bauch werden die Augenfäden
von oben nach unten durch den Bauch gezogen und verknotet.

9) Fäden gut verknoten, zurück in den Körper ziehen und unter Zug kurz abschneiden.

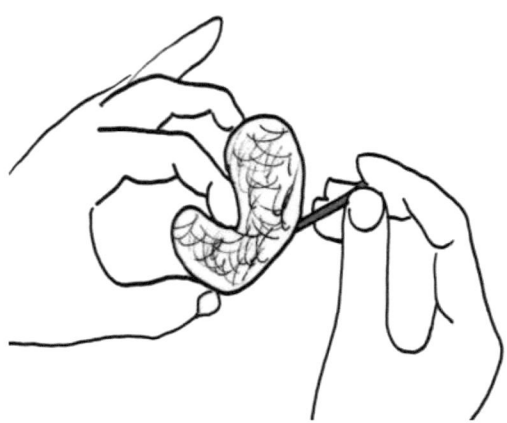

10) Für die Beine zwei gleich große Mengen an Wolle nehmen. Bein und Fuß werden in einem Stück gefilzt. Zuerst eine dicke Wurst filzen, das Ende als Fuß um die Schwammkante oder um einen Finger biegen und durch mehrmaliges Nadelstechen fixieren.

11) Mit einer Stecknadel die Beine am Körper stechen. Entweder die Beine durch mehrmaliges Nadelstechen anfilzen oder die Beine annähen, wie zuvor den Kopf.

12) Der Bär kann auf Wunsch noch Flügel bekommen. Dafür eine flache Filzfläche filzen, wie bei den Ohren Flügelumrisse aufmalen, ausschneiden und durch Nadelstechen auf den Rücken filzen.

13) Zum Schluss die Sicherheitsnadel auf den Rücken nähen, und die Brosche ist fertig.

Bären-Tipps:

a. Wenn ein Teil etwas ungleichmäßig oder zu klein ist, kann zum Ausgleich etwas Wolle angefilzt werden, bis die Abmessungen stimmen.

b. Es sieht besonders süß aus, wenn der Bauch, die Schnauze oder die Pfoten eine andere Farbe erhalten. Dafür wird eine andere Wollfarbe dünn übergefilzt.

c. Sehr effektvoll sind aufgestickte Krallen.

Gefilzte Schafe.

Filzen eines Schafes mit Locken

1. Als Erstes wird der Körper gefilzt. Um einen Wollkern wird in mehreren Lagen Wolle mit der groben Nadel gefilzt. Dieser Vorgang wird so lange wiederholt, bis die gewünschte Körpergröße und Form erreicht sind. Anschließend wird ein zweites, jedoch kleineres Ei als Kopf gefilzt.

2. Mit Stecknadeln die Position der Augen und Nasenlöcher festlegen.

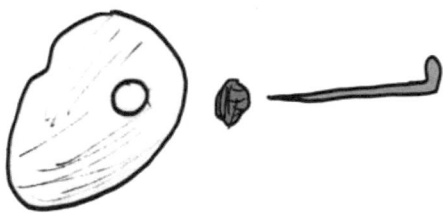

3. Jetzt wird eine vertiefte Augenhöhle gefilzt. Dabei mit der Nadel auf die Stelle der späteren Augen so oft einstechen, bis eine Vertiefung entsteht. Für die Augen dunkle Wolle in der Hand zu einem Knäuel zwirbeln und anschließend in die Augenhöhle filzen. Als Krönung kann eine kleine Pupille, ein ganz kleines schwarzes Knäuel, aufgefilzt werden.

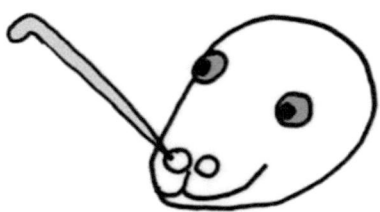

4. Die Nasenlöcher werden ebenfalls durch mehrmaliges Nadelstechen an einer Stelle vertieft. Für das Maul mit der Filznadel dicht an dicht stechen, bis eine vertiefte Linie entsteht.

5. Für die Ohren werden mindestens zwei Lagen Filz in unterschiedlicher Richtung flach auf den Schwamm gelegt und mehrmals von unterschiedlichen Richtungen eingestochen. Wenn eine flache Filzfläche entstanden ist, zwei gleich große Ovale für die Ohren ausschneiden.

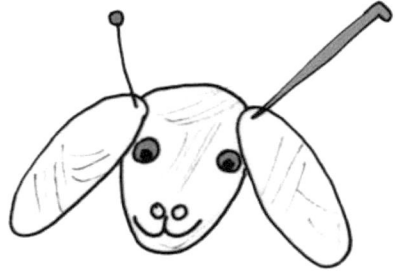

6. Nachdem die Ohren mit Stecknadeln an den Kopf angepasst sind, werden sie durch mehrmaliges Nadelstechen an den Kopf gefilzt. Anschließend kann der Kopf auf den Körper genäht und gefilzt werden.

7. Für das Anfilzen der Wolllocken beginnt man unten am Rand. Die Locken werden Lage für Lage in Richtung Rücken angefilzt. Die letzten Lockenlagen liegen über der zuvor angefilzten Reihe und überdecken die Anfilzstellen.

Notizen:

B u c h t i p p !

Trossis
kleine Welt des Sports

Kindergeschichte rund um Sportarten

Mit Bildern zum Ausmalen

Sylvia Ehrenstein

ab 5 Jahre,   7,80 Euro

ISBN 3-8334-1364-6,

Dieses Buch ist eine, aller erste, Einführung in die Welt des Sports, in Form eines Lexikons von A bis Z. Dabei werden die Sportarten nicht staubtrocken erklärt, sondern als kurzer unterhaltsamer Streifzug durch die Sportwelt präsentier.

Die unsportlich wirkende Hauptfigur ist eine Art Albatross und heißt Trossi. Gemeinsam mit Freunden erlebt Trossi viele spannende und anregende Geschichten mit den unterschiedlichsten Sportarten.

Dabei werden erste grundlegende Techniken, Spielregeln, Ausrüstungen und Wettbewerbe der jeweiligen Sportart, dem Nachwuchssportler näher gebracht.

In diesem Buch findet jeder Leser/in eine passende Sportart, für seine Interessen und seinen speziellen Typ.

Das Buch ist zum Anschauen, selber Lesen und Vorlesen geeignet.

Weitere Informationen, z.B. Leseprobe und Bewertungen, auf der Webseite www.Ehrenstein.info und www.amazon.de

Bezugsquellen:
- Buchläden,
- Internet, z.B. amazon.de,
- oder direkt von der Autorin: www.Ehrenstein.info